AF619601

LE CABINET DU ROI.

TOME I.

DE L'IMPRIMERIE DE J.-M. EBERHART,
RUE DU FOIN SAINT-JACQUES, N° 12.

LE CABINET DU ROI,

OU

LES PLUS BEAUX TABLEAUX

DES PEINTRES DE L'ÉCOLE FRANÇAISE;

ACCOMPAGNÉS D'UNE NOTICE SUR LES OUVRAGES DE CHAQUE MAÎTRE :

GRAVÉS EN MINIATURE,

PAR UNE SOCIÉTÉ D'AMATEURS ET D'ARTISTES.

TOME PREMIER.

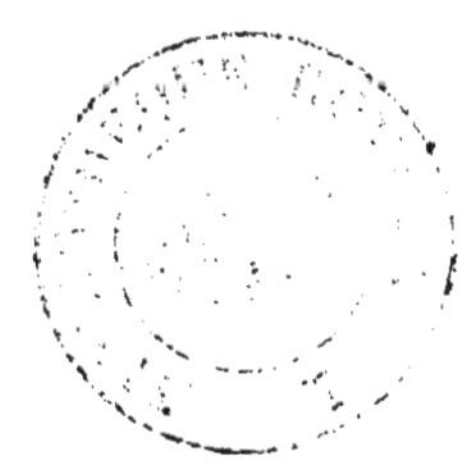

PARIS.

CHEZ DAVID, GRAVEUR DU ROI,

RUE DE CORNEILLE, N° 3, PRÈS L'ODÉON.

1817.

LE CABINET DU ROI,

OU

LES PLUS BEAUX TABLEAUX

DES PEINTRES DE L'ÉCOLE FRANÇAISE.

DANS un siècle où le goût des Arts est si généralement répandu, où les grands Peintres Français jouissent d'une considération particulière, y auroit-il de la présomption à imaginer qu'un monument consacré spécialement à leur gloire, mérite quelque distinction? Il est étonnant que personne ne se soit occupé, avant nous, du soin de le leur élever.

L'École Française paroît renfermer tous les goûts et tous les genres de peinture.

Les Artistes célèbres de cette École se sont principalement distingués dans la beauté du dessin, l'élégance des compositions, la vérité d'expression, l'intelligence des attitudes, les heureuses formes des draperies; en un mot, par un style poétique, embelli par tout ce qu'une belle imagination peut inventer de grand, de pathétique et d'extraordinaire.

Occupés de ces parties, qui sont les premières et les plus essentielles de la peinture, il n'est pas surprenant qu'ils aient un peu négligé le coloris. Mais leurs ouvrages, répandus dans toute l'Europe, font le charme des connoisseurs, et tiennent le rang le plus distingué dans leurs collections.

En multipliant, par une fidèle traduction, les plus beaux Tableaux de l'École Française, nous donnerons seulement l'année de la naissance et de la mort de chaque Maître, et le jugement qui a été porté sur ses ouvrages. On s'apercevra aisément que nous avons puisé dans les meilleures sources.

PLANCHE PREMIÈRE.

POUSSIN (NICOLAS).

LE TEMPS ENLÈVE LA VÉRITÉ.

Poussin (Nicolas), né à Andely en Normandie, en 1594, mort à Rome en 1663.

Selon M. Dargenville, cet habile Artiste ennoblissoit, par la sublimité de ses pensées, les sujets les plus communs : il les traitoit avec beaucoup d'élégance ; un jugement solide accompagnoit tout ce qu'il faisoit. Excellent dessinateur, grand historien, grand poète, sage compositeur, ne mettant pas une seule figure qu'il n'en connût la nécessité ; grand paysagiste, personne n'a mieux exprimé les divers effets de la nature.

Il inventoit aussi facilement qu'heureusement : la sage ordonnance de ses Tableaux étoit soutenue par de beaux fonds d'architecture et de paysage. Toutes ses figures avoient la contenance qu'elles devoient avoir : les costumes des anciens de chaque pays, les âges, les convenances des nations, des sexes, des conditions, étoient exactement observés.

Enfin, malgré quelques défauts que les connoisseurs remarquent dans ses ouvrages, comme d'avoir multiplié les plis de ses étoffes, de n'avoir point assez contrasté ses attitudes, ni varié ses airs de tête et ses expressions, il peut être comparé aux plus célèbres Artistes de l'Italie.

PLANCHE DEUXIÈME.

LE BRUN (CHARLES).

LA PRÉSENTATION AU TEMPLE.

LE BRUN (Charles), né à Paris en 1619, mort dans la même ville en 1690.

Cet admirable Artiste, dit M. Desportes, a certainement égalé, par la beauté et la fécondité de son génie, comme par la multitude et la variété de ses productions, les plus grands compositeurs qui l'avoient précédé. Il joignoit à l'imagination la plus vive et la plus inépuisable, le jugement le plus mûr et le plus solide; n'introduisant jamais dans ses ouvrages aucun objet, sans consulter l'antiquité, les livres et les Savans, pour n'y rien omettre de nécessaire, et n'y rien laisser de superflu. On voit briller dans tout ce qu'il a fait une érudition choisie, un esprit poétique ; et personne n'a plus exactement observé ce qu'on appelle le costume.

Ses dispositions sont judicieuses et animées ; les objets y sont distribués avec art, mais sans affectation ; ses groupes agréablement diversifiés, et ses attitudes d'un beau choix, nobles et expressives, sont bien contrastées sans être forcées.

Il n'a manqué à Le Brun, pour arriver à la perfection, que d'avoir un coloris plus vigoureux et plus varié.

PLANCHE TROISIÈME.

LE SUEUR (EUSTACHE).

L'AURORE CONDUIT LES CHEVAUX DU SOLEIL.

LE SUEUR (Eustache), né à Paris en 1617, mort dans la même ville en 1655.

Son père, Sculpteur, originaire de Montdidier, lui inspira, dès sa plus tendre jeunesse, un goût particulier pour la peinture. Des progrès étonnans le mirent en peu de temps au-dessus de son maître. Un génie heureux et fécond, un dessin correct, de sages ordonnances, des pensées élevées ont suppléé dans cet Artiste à la force du coloris, et l'ont souvent fait appeler le *Raphaël de la France*.

Le Sueur copioit la belle nature : amateur

de l'antique, dit M. Dargenville, il corrigeoit et embellissoit, à l'exemple de Raphaël, cette nature, quand elle ne lui présentoit pas un beau réel, conforme au beau idéal qu'il s'étoit formé. L'étude des bas-reliefs et des morceaux antiques n'avoit cependant apporté à sa manière de peindre, aucune dureté, ni aucune sécheresse. Son pinceau facile, avoit du moelleux, et rien d'affecté. Il joignoit dans ses ouvrages beaucoup de noblesse et de caractère, à toute l'adresse et à tout le jugement possible.

A vingt-huit ans il entreprit le petit Cloître des Chartreux, où il représenta, en vingt-deux Tableaux, la vie de Saint Bruno. Cet admirable ouvrage, terminé en trois années, fit connoître toute l'étendue de son génie.

Sa simplicité dans les expressions, dans la composition, dans les draperies, est inimitable. Il consultoit continuellement la nature et l'antique. La vie, la dignité, la grâce brillent dans ses figures : ses attitudes sont simples, nobles et naturelles; la vraisemblance est observée partout, et son raisonnement est juste et élevé. Sous cette simplicité cependant, il a su rendre les traits de la Divinité, infiniment plus difficiles à saisir que ceux de l'héroïsme. Son imagination ne fut secondée par aucun poète, ni par tous les fameux Tableaux de Rome, qu'il ne vit point ; son seul génie fut son guide. Sa peinture, faite au premier coup, avoit cette franchise de touche, et cette fraîcheur admirable qu'on remarque si rarement chez les autres peintres : au lieu d'un goût maniéré, on ne trouve chez Le Sueur que le sublime.

PLANCHE QUATRIÈME

MIGNARD (PIERRE).

LES PLAISIRS DES JARDINS.

MIGNARD (Pierre), né à Troyes en 1610, mort à Paris en 1695.

Dès l'âge de onze ans, Mignard prit le crayon, et fit des portraits, dont la ressemblance parut frappante. Il étoit destiné cependant à la médecine; mais, au lieu d'écouter dans le cours des visites qu'il faisoit avec un médecin, il remarquoit l'attitude du malade et des personnes qui l'approchoient, pour les dessiner ensuite.

A douze ans il peignit, dans un même Tableau, la femme du médecin, ses enfans et un domestique, avec tant de vérité, que les connoisseurs donnoient ce Tableau à un Artiste consommé.

Mignard avoit le génie élevé, mais froid; on s'aperçoit de ce défaut dans ses compositions. On remarque encore peu de correction dans son dessin; en revanche, son coloris est d'une fraîcheur admirable; ses carnations sont vraies; sa touche est légère et facile; les attitudes de ses figures sont aisées et pleines de noblesse. Il peignoit également en grand et en petit; ce qui se trouve rarement dans les plus grands Maîtres. Il avoit un talent singulier pour faire des *pastiches*, c'est-à-dire pour imiter les manières des plus grands Maîtres, et pour produire à son gré des Tableaux trompeurs en ce genre. Du reste, cet habile Artiste ne s'étoit élevé à un si haut degré de mérite, que par un travail assidu. Il disoit souvent qu'il regardoit *les paresseux comme des hommes morts*. Une autre de ses maximes étoit : *que le faire n'est rien sans le savoir-faire.*

PLANCHE CINQUIÈME.

MIGNARD (PIERRE).

LA JALOUSIE ET LA DISCORDE.

Ce Tableau, et le précédent, sont peints dans les lunettes d'un plafond de Saint-Cloud.

PLANCHE SIXIÈME.

STELLA (JACQUES).

LA SAINTE FAMILLE AU MOUTON.

STELLA (Jacques), né à Lyon en 1596, mort à Paris en 1647.

Selon M. l'Abbé de Fontenay, Stella n'avoit que neuf ans lorsque son père mourut; il annonçoit déjà ce qu'il seroit un jour. Il acquit même dès-lors, et sans le secours d'aucun maître, une réputation qu'il augmenta dans la suite. Il alla en Italie à l'âge de vingt ans; son séjour à Florence fut de quatre ans. Il passa ensuite à Rome, où il demeura quatorze ans. Il y profita beaucoup des leçons du fameux Poussin, qui l'aimoit. Il peignoit bien en petit, et d'une pratique singulière. Il alloit partir pour l'Espagne, où le Roi Catholique l'appeloit, après avoir eu deux Tableaux que ce peintre lui avoit envoyés, lorsqu'il essuya à Rome une affaire que ses ennemis lui avoient suscitée, et qui pensa le perdre. On le mit en prison avec son frère, et tous ceux qui lui appartenoient. Son innocence éclata enfin, et plusieurs de ses accusateurs furent punis.

Dans une chambre de sa prison, il avoit peint sur le mur, avec un charbon, une Vierge et son fils, que tout Rome alla voir. On avoit établi une lampe devant cette image, et les prisonniers y faisoient leurs prières. Après sa délivrance, M. le Marquis de Créqui le mena à Paris, et l'employa avec succès.

Le Cardinal de Richelieu le présenta au Roi pour un de ses Peintres, lui fit donner une pension de mille livres, et un logement aux galeries du Louvre.

Paris a été le vrai théâtre de sa gloire; les Tuileries, le Louvre, et plusieurs Églises possèdent ses plus beaux ouvrages.

PLANCHE SEPTIÈME.

BOUCHER (FRANÇOIS).

PAN ET SYRINX.

BOUCHER (François), né à Paris, en 1704, mort dans la même ville en 1770.

On peut dire que Boucher fut l'Albane de la France; il possédoit, dit M. l'abbé de Fontenay, à un degré supérieur toutes les parties de la peinture. Pour reconnoître encore mieux la conformité qu'il eut avec l'Albane, on doit ajouter qu'il eut comme lui la facilité du travail, la correction, la légèreté d'une touche spirituelle et fine, et un soin de terminer, avec grâce, les mains et les pieds de ses figures.

PLANCHE HUITIÈME.

LE SUEUR (EUSTACHE).

SAINT BRUNO EN PRIÈRE.

Ce fut la Reine-Mère qui chargea Le Sueur de peindre l'Histoire de Saint Bruno, Fondateur de l'Ordre des Chartreux, pour en décorer le cloître du monastère de Paris.

On admire surtout la vérité avec laquelle il a peint le caractère d'austérité des cénobites, qui figurent dans cette précieuse collection, où le principal personnage est toujours signalé d'une manière frappante pour l'œil et l'imagination.

En 1776, l'ordonnateur des bâtimens les fit retirer du cloître pour en orner la galerie du Louvre, en promettant aux

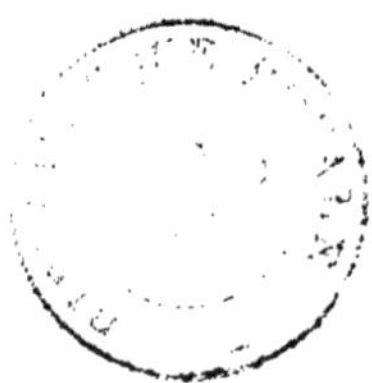

d'un goût, d'une expression supérieurs, et un soin précieux de terminer avec grâce les mains et les pieds de ses figures.

Boucher a fait peu de Portraits ; il entreprit cependant celui de Madame la Marquise de Pompadour ; et on ne sauroit en donner une meilleure idée qu'en disant qu'il tint à cet égard la balance indécise entre le célèbre Latour et lui. Il avoit formé plusieurs élèves, dont il prenoit un soin particulier. Sa coutume étoit de ne point les surcharger de préceptes, assez souvent inutiles. *Je ne sais conseiller*, disoit-il, que le pinceau à la main ; et alors prenant l'ouvrage du disciple, il le corrigeoit en quatre coups, et y ajoutoit ces agrémens dont il avoit seul le secret.

PLANCHE HUITIÈME.

LE SUEUR (EUSTACHE).

SAINT BRUNO EN PRIÈRE.

Ce fut la Reine-Mère qui chargea Le Sueur de peindre l'Histoire de Saint-Bruno, Fondateur de l'Ordre des Chartreux, pour en décorer le cloître du monastère de Paris.

On admire surtout la vérité avec laquelle il a peint le caractère d'austérité des cénobites, qui figurent dans cette précieuse collection, où le principal personnage est toujours signalé d'une manière frappante pour l'œil et l'imagination.

En 1776, l'Ordonnateur des Bâtimens les fit retirer du cloître pour en orner la galerie du Louvre, en promettant aux Chartreux, pour dédommagement, qu'il feroit refaire la voûte de leur église ; mais cette promesse n'étoit qu'illusoire, et on ne l'exécuta point.

Comme ces Tableaux avoient beaucoup souffert, le directeur de l'Académie de Peinture en ordonna la restauration. Ils furent d'abord enlevés de dessus bois, pour être mis sur toile : procédé ingénieux et nouveau, qui n'avoit point encore atteint le degré de perfection où il est parvenu aujourd'hui.

PLANCHE NEUVIÈME.

CORNEILLE (MICHEL).

SAINT PAUL DÉCHIRE SES HABITS.

Corneille (Michel), né à Paris, en 1642, mort dans la même ville en 1708.

Son père, un des douze anciens de l'Académie, fut son maître. Un Prix de Peinture que le jeune Corneille remporta, le fit nommer aussitôt Pensionnaire du Roi, à Rome, où il fit des remarques sur tout, et se forma un goût de dessin qui approchoit de celui des Carraches ; c'étoient leurs ouvrages qu'il étudioit avec le plus de soin.

Ce Peintre étoit passionné pour son art. Occupé sans cesse à copier les Tableaux et les Dessins des grands Maîtres, il y découvroit de nouvelles beautés, qui le ravissoient.

Louis XIV l'employa pour l'embellissement de ses palais. Monseigneur le Dauphin, plein d'estime peur Michel Corneille, ayant su qu'il n'étoit pas du nombre des Peintres qui devoient travailler aux Invalides, lui fit donner une Chapelle dans cette église, où il peignit à fresque la Vie de Saint-Grégoire.

Michel Corneille entendoit fort bien le clair-obscur, la

perspective et le paysage; il dessinoit correctement; ses airs de tête sont nobles et gracieux.

A force de copier les Carraches, dont les Tableaux ont été noircis par le temps, il avoit contracté une manière noire, qui tiroit souvent sur le violet, et les extrémités de ses figures étoient trop pesantes.

On doit ajouter à son éloge, que la douceur de son caractère étoit peinte sur son visage, et que ceux qui le connoissoient ne pouvoient lui refuser leur estime. Il a gravé plusieurs Planches à l'eau-forte.

PLANCHE DIXIÈME.

VANLOO (CARLE).

LA TRAGÉDIE.

VANLOO (Carle), né à Nice en 1705, mort à Paris en 1765.

Après avoir passé quelque temps à Rome, où le fameux Lutti lui donna les premiers élémens de la Peinture, et le célèbre Le Gros, ceux de la Sculpture, dans laquelle Carle Vanloo se seroit infiniment distingué, s'il avoit suivi les talens qu'il avoit pour cet art, il revint en France en 1719, et remporta, à Paris, âgé de dix-huit ans, la première Médaille de Dessin.

Ses progrès dans l'Art du Coloris, ne furent pas moins rapides: en peu d'années, il se vit en état d'aider son frère aîné, qui dirigeoit toutes ses études; et lorsque celui-ci fut chargé par le Régent de réparer à Fontainebleau la belle galerie du Primatice, il ne fit pas difficulté d'associer son élève à ce travail.

Les talens de Vanloo, applaudis par les connoisseurs auroient pu dès-lors lui procurer à Paris une existence honorable ; mais plus jaloux de les perfectionner que de se les rendre utiles, il retourna une seconde fois à Rome en 1727, avec Louis et François Vanloo, ses neveux, et le célèbre Boucher. Les morceaux qui n'avoient fait que le frapper autrefois, quand il étoit à peine en état de les voir, lui parurent alors aussi instructifs qu'admirables ; il les mit tous à profit.

Après avoir peint, pour l'église de Saint-Isidore, un magnifique plafond, représentant l'Apothéose de ce Saint, et plusieurs autres ouvrages : comblé d'honneurs, environné d'une réputation brillante ; chargé des richesses du talent, muni d'un grand fonds de savoir, Carle Vanloo partit pour Turin avec François Vanloo, un de ses neveux, digne de son amitié par ses rares talens pour la peinture.

Le Roi de Sardaigne voulant employer ses pinceaux, le chargea de la décoration des trumeaux et dessus-de-porte de son cabinet. Il choisit onze sujets de la *Jérusalem délivrée*, et réunit dans ces morceaux l'enthousiasme du grand poëte aux grâces du peintre excellent.

Ce qui caractérise surtout son génie, c'est la facilité avec laquelle il se prêtoit à tous les tons, à tous les styles ; toujours différent de lui-même, il imitoit avec succès, tantôt le fondu du Corrège, tantôt la touche séduisante du Guide, et quelquefois les teintes naturelles et moëlleuses du Titien.

S'il peignoit un paysage, c'étoit avec l'intelligence de Benedetto Castiglione.

Il traitoit le portrait avec autant de succès que l'Histoire : celui de Louis XV, exposé au salon de 1763, suffiroit seul pour prouver qu'il auroit pu se faire une grande réputation dans ce genre. En un mot, en voyant chacun de ses Tableaux, on seroit tenté de croire qu'il n'avoit que la manière dans laquelle il est traité.

Malgré des talens si marqués, et la gloire qui lui revenoit de presque chacun de ses morceaux, il étoit extrêmement difficile sur ses productions, et il ne conservoit que celles qui pouvoient lui faire le plus d'honneur; il effaçoit sans aucun égard tout ce qu'il croyoit être en état de mieux rendre. Il mit en pièces le Tableau des Grâces enchaînées par l'Amour, exposé au salon de 1763, et qui, nonobstant quelques défauts, renfermoit mille beautés; des connoisseurs l'auroient acheté à grand prix.

Ses ouvrages ornent les Maisons Royales, les Cabinets des curieux, et plusieurs Églises de Paris.

La mort de cet Artiste, que quelques-uns n'ont pas craint d'appeler *le dernier des grands Peintres d'Histoire en France*, devint un deuil général pour les Amateurs et pour les Artistes eux-mêmes.

PLANCHE ONZIÈME.

LE SUEUR (EUSTACHE).

LE SONGE DE SAINT BRUNO.

TROIS Anges apparoissent à Saint-Bruno durant son sommeil, et l'instruisent de ce qu'il doit faire.

Ce Tableau fait partie de la collection de la Vie de Saint-Bruno.

PLANCHE DOUZIÈME.

COYPEL (NOEL-NICOLAS).

LE BAIN DE DIANE.

COYPEL (Noel-Nicolas), Peintre et Graveur, né à Paris en 1692, mort dans la même ville en 1735.

Il étoit fils de Noel, et frère d'Antoine Coypel. On l'appelle ordinairement Coypel l'oncle. Il eut le malheur, à l'âge de quinze ans, de perdre son père, qui avoit été son maître. Mais ses talens et un travail assidu contribuèrent à le perfectionner. Plusieurs Prix remportés à l'Académie devoient lui mériter la Pension du Roi, et lui procurer l'occasion d'aller à Rome; une faction de jaloux se mit à sa traverse, et l'empêcha de faire ce voyage, qui formoit son plus grand desir. Il tâcha de suppléer aux connoissances qu'il auroit pu acquérir en étudiant les grands Maîtres de l'Italie par les belles Collections de Gravures que nous possédons; et il n'en devint pas moins habile. Reçu à l'Académie, en 1720, son mérite ne fut néanmoins bien reconnu qu'après la mort de son frère Antoine Coypel, en 1722.

A cette époque on commença à lui rendre plus de justice, lorsqu'en 1727 le Roi, pour encourager les Peintres de son Académie, ordonna un concours en accordant un Prix de cinq mille francs, sans compter quinze cents francs pour le Tableau victorieux. Le public n'hésita pas à donner la préférence à celui de Coypel sur douze autres de la même grandeur. Il représentoit le triomphe d'Amphytrite; et tout le monde en admira l'ordonnance, et le coloris frais et suave.

Le Prix fut cependant partagé entre deux Peintres qui avoient plus de crédit que lui.

Il étoit de la destinée de cet Artiste d'être traversé toute sa vie. S'étant accordé avec les marguilliers de l'église de Saint-Sauveur, pour décorer la chapelle de la Vierge, sans aucun intérêt pour lui-même, à condition qu'ils paieroient seulement le déboursé des couleurs et des échafauds, il exécuta ce nouvel ouvrage avec un applaudissement général : sa composition, son coloris, l'art avec lequel il a distribué les clairs et les ombres, la légèreté des draperies, une vapeur qui semble envelopper les figures du plafond qui paroît d'en bas un plein-ceintre, quoiqu'il soit effectivement plat; tout fut un sujet d'admiration pour les connoisseurs.

Mais le mérite échappa aux yeux des marguilliers. Ne s'attendant pas que le mémoire des déboursés monteroient si haut, ils refusèrent de le payer : il fallut plaider. Coypel demanda des arbitres pour estimer son ouvrage, et ils lui adjugèrent sa demande.

Sur la fin de sa vie, il s'étoit attaché avec beaucoup de succès à peindre le portrait, tant à l'huile qu'au pastel. On y trouve la fraîcheur de la chair, un maniement de pastel admirable, une légèreté de main surprenante; ses autres ouvrages sont remarquables par beaucoup d'élégance et de correction dans le dessin, par un pinceau frais et moelleux, par une touche légère et spirituelle, par des airs de tête gracieux, et des compositions piquantes, dans lesquelles la nature étoit toujours consultée.

PLANCHE TREIZIÈME.

VANLOO (CARLE).

DAVID JOUANT DE LA HARPE DEVANT SAUL.

Toutes les fois que l'esprit malin envoyé du Seigneur se saisissoit de Saül, David prenoit sa harpe, et en jouoit; et Saül étoit soulagé.

Tel est le sujet de ce beau Tableau que Vanloo peignit pour M. de Savalette, Garde du Trésor royal.

PLANCHE QUATORZIÈME.

BOULLOGNE (LOUIS).

LOUIS XIV PROTÈGE LES ARTS.

Boullogne (Louis), né à Paris en 1654, mort dans la même ville en 1733.

A dix-huit ans il remporta le premier des grands Prix, dont le sujet étoit le fameux passage du Rhin. M. de Colbert attentif à encourager les talens, le fit partir pour l'Italie, en qualité de Pensionnaire du Roi. Raphaël fut le premier Peintre qui reçut ses hommages. Il copia le Tableau de l'École d'Athènes, et celui de la dispute du Saint-Sacrement. Ces copies, de même grandeur que les originaux, lui avoient été demandées pour être exécutées en Tapisseries des Gobelins.

De retour en France en 1680, M. de Colbert lui fit peindre quelques Tableaux pour les appartemens de Versailles. Ils fixèrent l'attention des connoisseurs; et ils furent des titres réels pour faire recevoir Louis Boullogne à l'Académie en 1681.

On peut dire en général que Louis Boullogne montrait beaucoup de génie et de raisonnement dans ses compositions; que sa touche est ferme et gracieuse; que ses têtes sont d'un beau caractère; que la noblesse est jointe à la beauté de l'expression dans ses figures; que son dessin est correct, et son coloris frais et agréable.

Ce qui est le plus remarquable, c'est que ce Peintre, né avec une couleur fondue et caressée, et avec la douceur du caractère fait pour mettre au jour la légèreté, la délicatesse du pinceau et le beau fini, comme il l'a montré particulièrement dans les sujets agréables et galans qu'il a traités au château de Chantilly, ait exécuté de grandes machines, telles que des plafonds, qui demandent une manière expéditive, une touche large, et des effets brillans.

Des talens si marqués, et qui honorent, nous ne craignons pas de le dire, une nation, méritoient des récompenses et des distinctions flatteuses. Louis Boullogne les obtint avec l'applaudissement même de ses confrères. Il fut élu successivement dans son corps, Professeur, Adjoint à Recteur, Recteur, et enfin Directeur de l'Académie en 1722. Ce fut alors qu'il fut honoré par Louis XV du Cordon de Saint-Michel. Ce Monarque lui accorda en 1725 des Lettres de Noblesse pour lui et sa postérité et le nomma son premier Peintre.

Son caractère noble, doux, liant, lui fit trouver des amis sincères jusque dans ses rivaux. Son air étoit prévenant, affable, et toute sa figure annonçoit les qualités de son ame. Un de ses fils est mort ayant été Contrôleur général des Finances.

PLANCHE QUINZIÈME.

LE SUEUR (EUSTACHE).

PRÉDICATION DU DOCTEUR RAYMOND.

RAYMOND, Docteur, Chanoine de Notre-Dame de Paris, prêche à une nombreuse assemblée, en présence de Saint-Bruno, qui est sur la gauche, tenant un livre sous le bras.

Ce Tableau que l'on regarde comme un des plus beaux de la suite de la vie de Saint-Bruno, valut à Le Sueur d'être nommé l'un des douze anciens qui commencèrent l'établissement de l'Académie Royale de Peinture en 1648.

Ce grand homme peignit, en 1649, le fameux Tableau de Saint-Paul, qui prêche à Ephèse, et convertit les Gentils : il fit aussi une petite Chapelle à Saint-Gervais, et plusieurs autres ouvrages ; mais le plus considérable fut le Cabinet des Muses, le Salon de l'Amour, et l'Appartement des Bains, dans la maison du Président Lambert. Ces Peintures sont à Paris, dans l'île Notre-Dame, et ont occupé Le Sueur neuf ans.

PLANCHE SEIZIÈME.

VANLOO (CARLE).

ÉNÉE ET ANCHISE.

ENÉE, fuyant l'incendie de Troie, emporte son père Anchise; à ses côtés on voit son jeune fils Ascagne, et Créuse sa femme.

PLANCHE DIX-SEPTIÈME.

SANTERRE (JEAN-BAPTISTE).

ADAM ET EVE DANS LE PARADIS TERRESTRE.

SANTERRE (Jean-Baptiste), né à Magny, près Pontoise, en 1651, mort à Paris en 1717, âgé de soixante-seize ans.

Un goût exquis pour le dessin avoit déterminé son père à le mettre chez un Peintre médiocre, nommé *Le Maire*, où il ne fit aucun progrès. Il passa ensuite dans l'École de Boullogne l aîné, qui lui ouvrit le chemin de la perfection où il est parvenu. La nature étoit toujours consultée avec tant d'attention par cet Artiste, que, malgré son peu de génie, et un pinceau lent à exécuter, il a fait des morceaux de Peintures très-estimés, et qu'on peut dire séduisans. Au sortir de l'Ecole de Boullogne, sans aucun désir de voir l'Italie, Santerre se borna à peindre le Portrait, et ne négligea rien pour se perfectionner. L'anatomie et la perspective lui parurent nécessaires; il les étudia, et les posséda bientôt. Appliqué sans cesse à chercher des couleurs qui pussent faire durer ses ouvrages, et les rendre pour ainsi dire éternels, il regardoit, en marchant, dans les rues, les enseignes des boutiques pour discerner les couleurs que le temps détruisoit le moins, et se régloit sur ces observations.

Cinq sortes de terres lui servoient ordinairement à faire toutes ses teintes, sans y mêler des lacques et des stils de grains, si sujets à changer. Malgré l'épaisseur des terres, il trouva le moyen de donner en quelque sorte du transparent à sa peinture; l'huile de noix y étoit employée, quoiqu'elle soit très-long-temps à sécher ; et quand ses couleurs ne séchoient pas assez vîte, il exposoit ses Tableaux au grand soleil, et ne les vernissoit jamais qu'aubout de dix ans. Ces pratiques, quoique peu usitées parmi les Peintres, ont rendu ses teintes brillantes et ses carnations très-vives.

Cet Artiste dessinoit correctement ; il avoit un beau pinceau, du séduisant dans l'expression, de belles formes, et beaucoup de vérité dans les attitudes : ses draperies ne sont pas toujours d'un grand choix. Il avoit formé une Académie de jeunes filles auxquelles il enseignoit son art, et elles lui servoient de modèles. Louis XIV employa Santerre à peindre une Sainte-Thérèse pour sa chapelle de Versailles.

Ce Tableau représente Sainte Thérèse en méditation avec un Ange, qui semble lui lancer une flèche. Les caractères des têtes sont si beaux, l'expression et l'action en sont si vives, qu'aux personnes scrupuleuses, ce Tableau paroît dangéreux.

L'Académie Royale rendit la justice qui étoit due au mérite de Santerre, en le recevant dans son corps en 1704, en qualité de Peintre d'Histoire. Il en marqua sa reconnoissance par une Suzanne au Bain, poursuivie par les vieillards ; c'est un morceau très-estimé, et dont la principale figure est dans une attitude nouvelle et singulière. Plusieurs Tableaux d'Histoire sont sortis de son pinceau ; son plus fameux est Adam et Eve en pied que nous donnons dans cet ouvrage.

N.° 1.er LE POUSSIN.

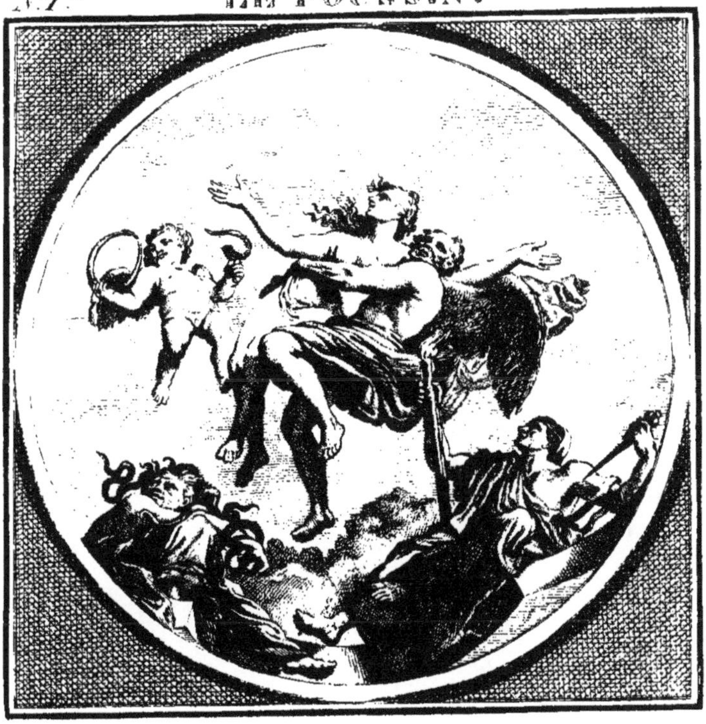

Le Temps enlève la Vérité.

N.°2. LE BRUN.

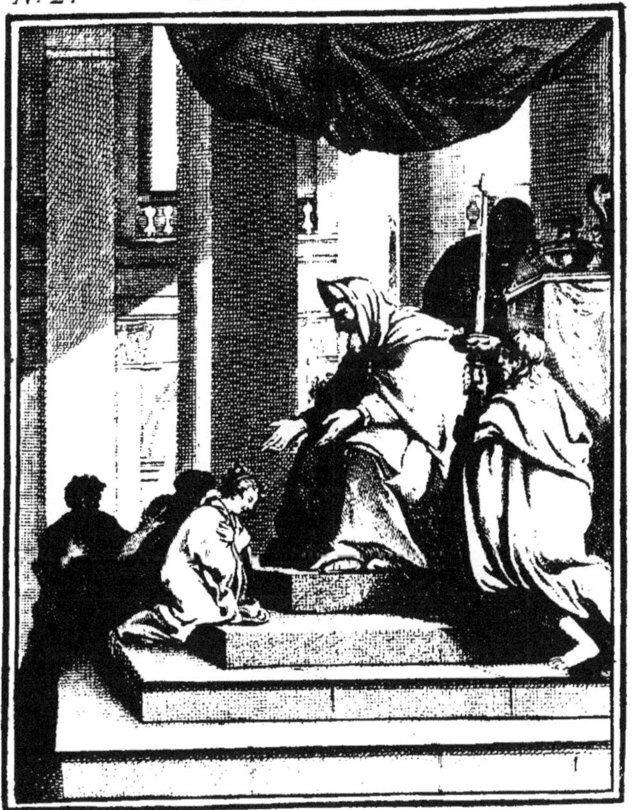

La Présentation au Temple.

N°3 LE SUEUR.

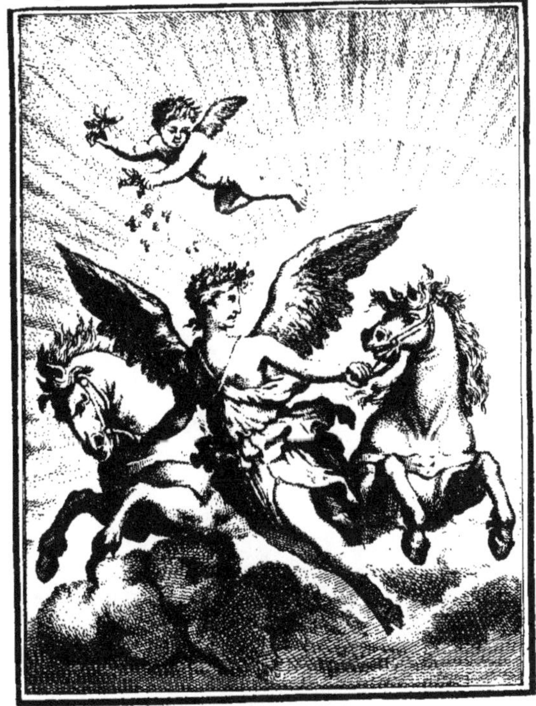

L'Aurore conduit les chevaux du Soleil.

N°4. **MIGNARD.**

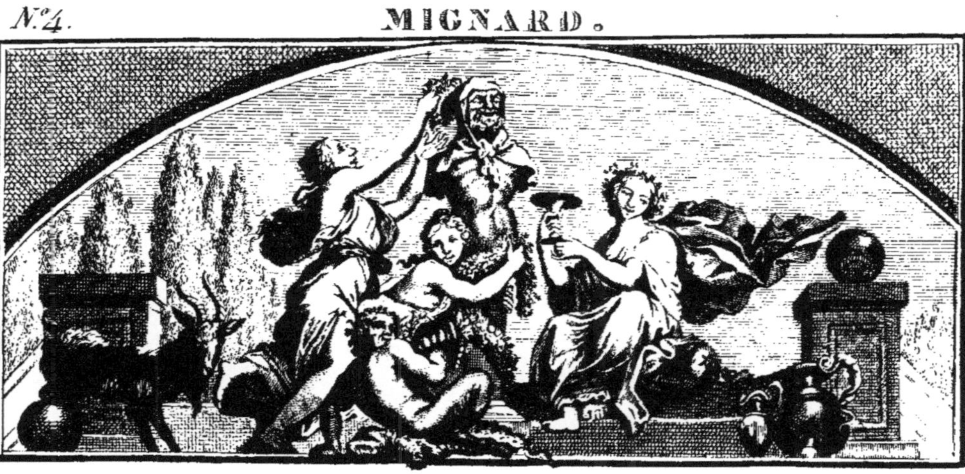

Les Plaisirs des Jardins.

N°5. **MIGNARD.**

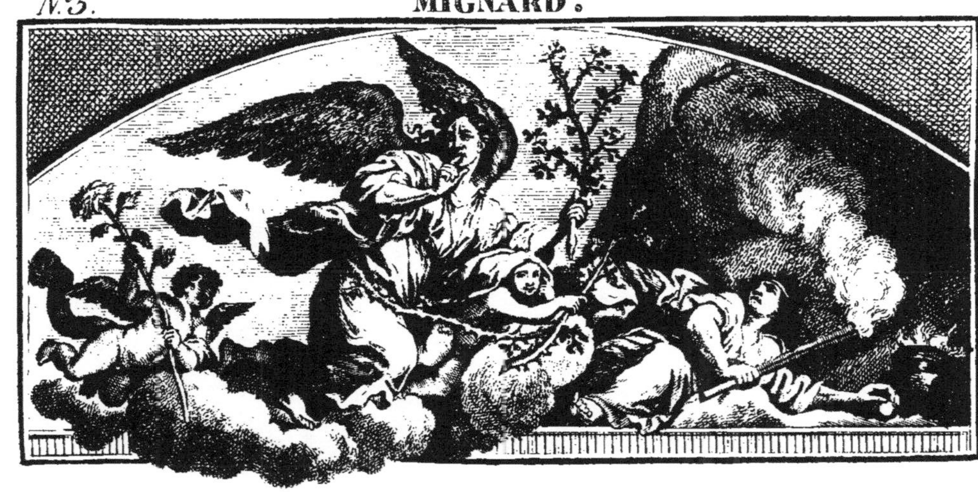

La Jalousie et la Discorde

N.º 6. STELLA.

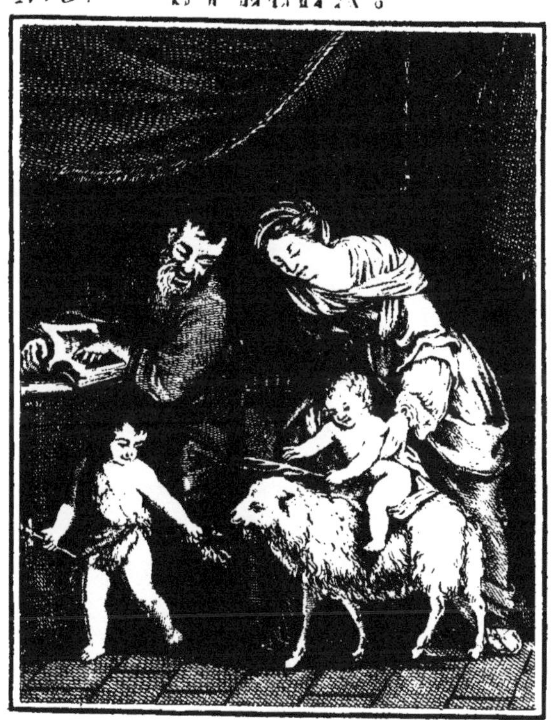

La Vierge au Mouton.

N° 7. BOUCHER.

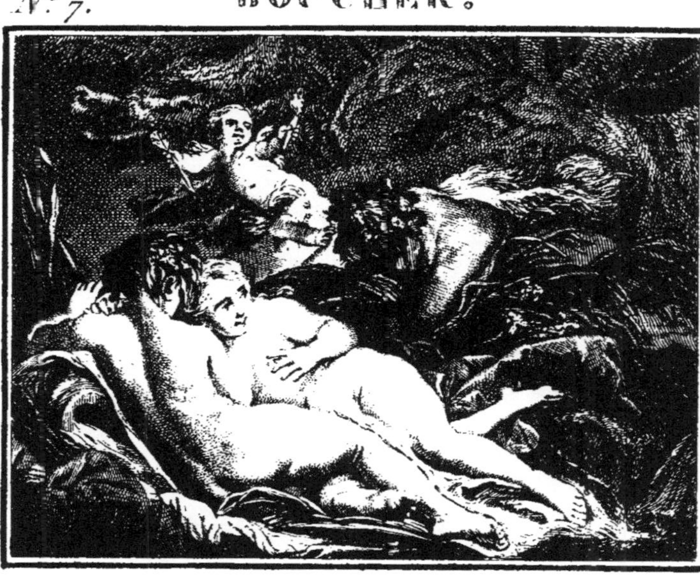

Pan et Syrinx.

N.º 8. LE SUEUR.

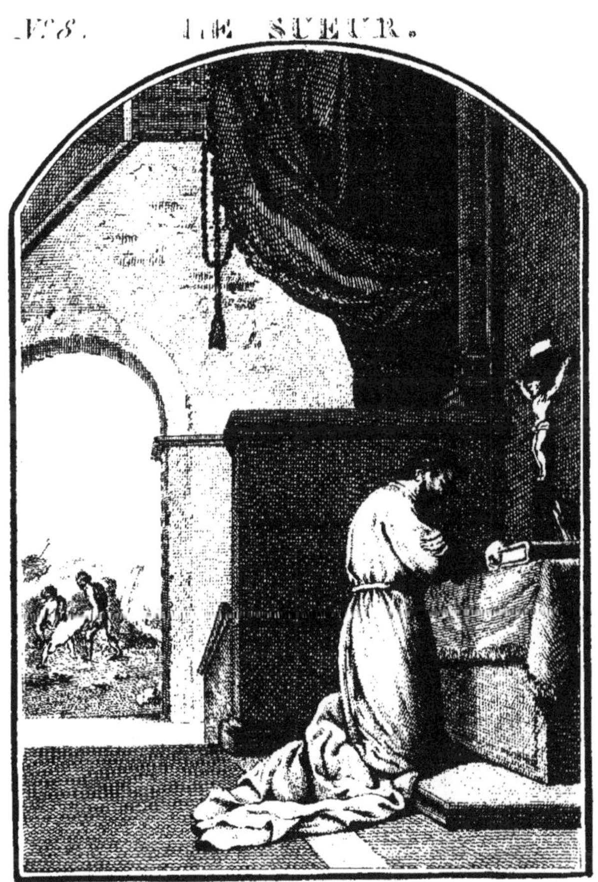

Saint Bruno en priere.

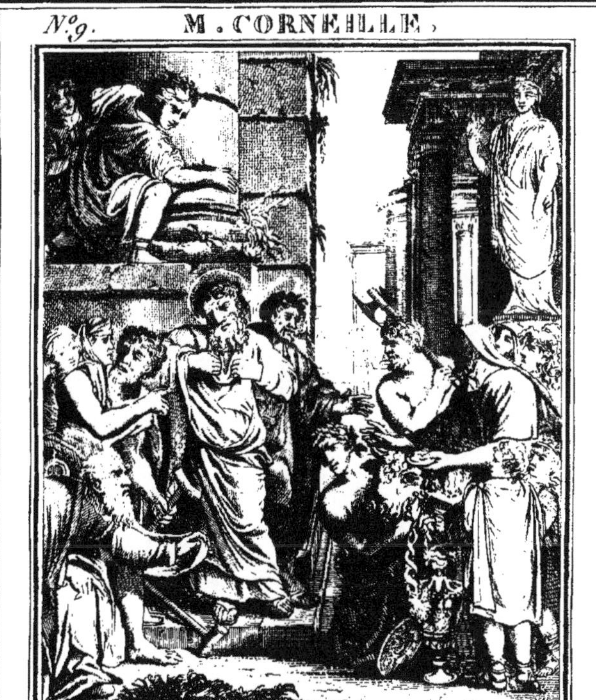

Saint Paul, déchire ses habits.

N.º 10 C. VANLOO.

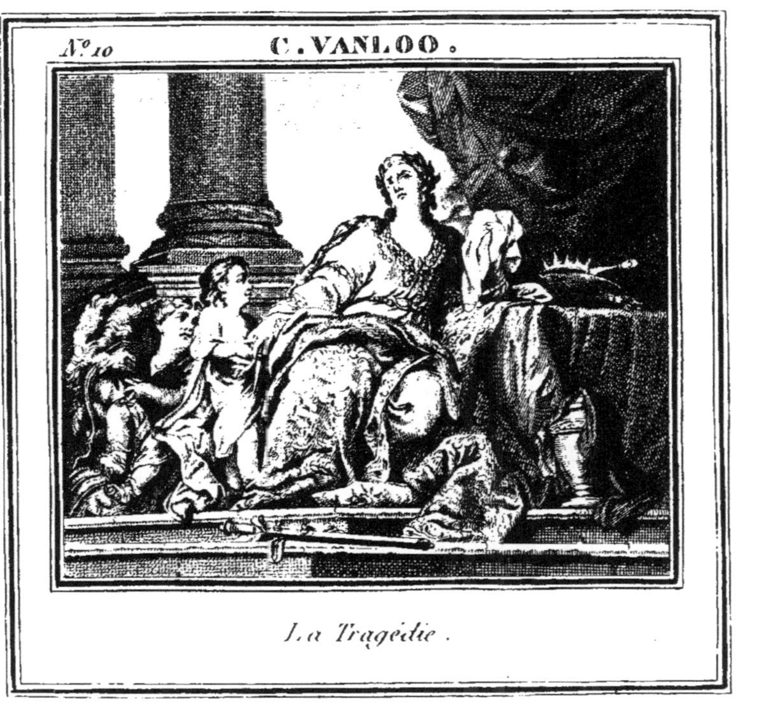

La Tragédie.

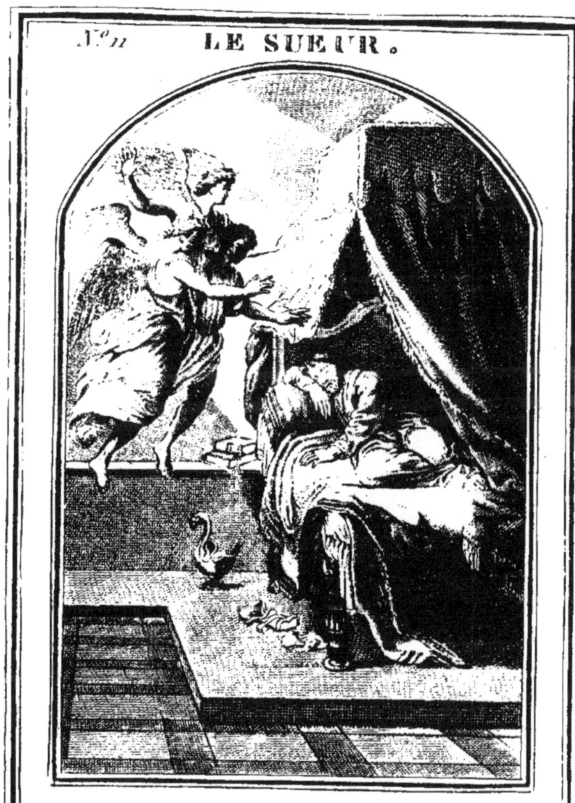

Le Songe de Saint Bruno.

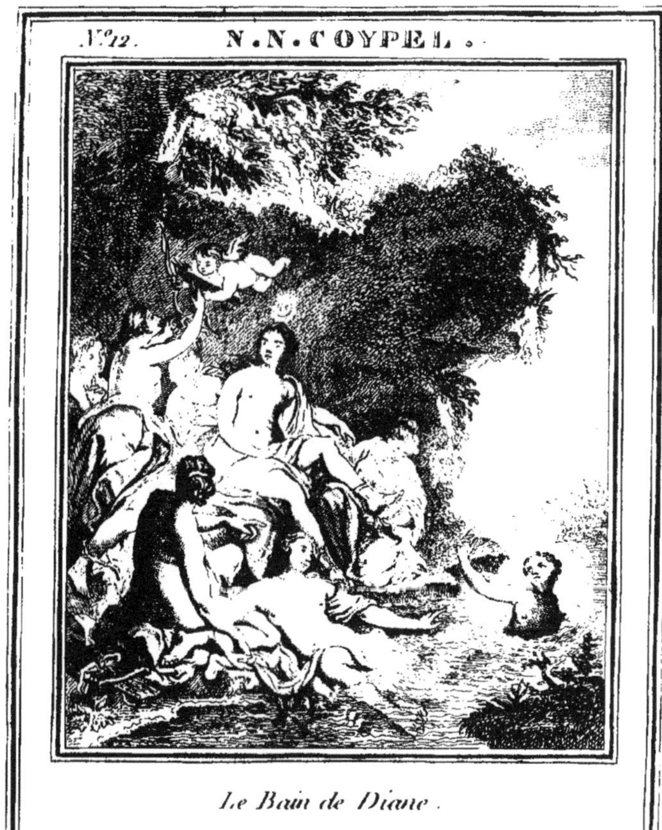

Le Bain de Diane.

N° 13 C. VANLOO.

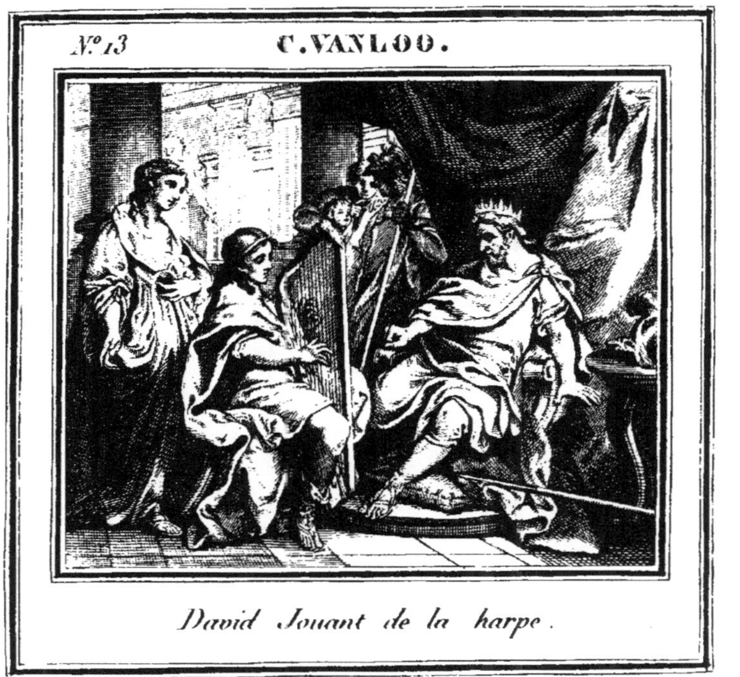

David Jouant de la harpe.

N° 14 L. BOULLOGNE.

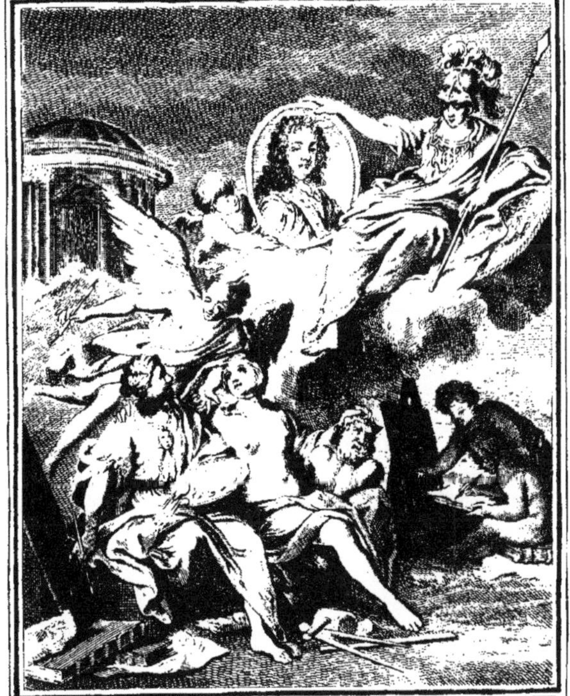

Louis XIV protège les Arts

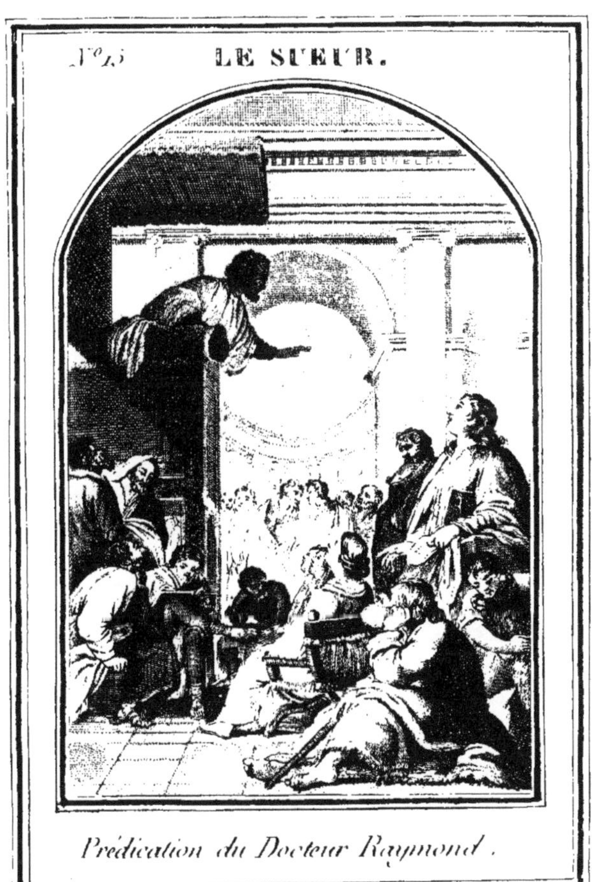

Prédication du Docteur Raymond.

N°16 C. VANLOO.

Énée et Anchise.

www.ingramcontent.com/pod-product-compliance
Ingram Content Group UK Ltd.
Pitfield, Milton Keynes, MK11 3LW, UK
UKHW021648260726
13994UKWH00003B/1354

9 782329 370224